TABLE OF CONTENTS

Այբուբեն
Alphabet

Կենդանիներ
Animals

Թվեր
Numbers

Թռչուններ
Birds

Ձևեր
Shapes

Միջատներ
Insects

Գույներ
Colors

Ծովային
կենդանիներ
Sea animals

Մարմնի
մասեր
Body parts

Ծաղիկներ
Flowers

Մրգեր և
բանջարեղեն
Fruits & Vegetable

Հագուստ
Clothes

TABLE OF CONTENTS

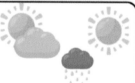

Այբուբեն
(Aybuben) Alphabet

Ա ա
a
արև
arev
sun

Բ բ
b
բադ
badik
duck

Գ գ
g
գորտ
gort
Frog

Դ դ
d
դելֆին
delfin
dolphin

Ե ե
e
երազ
yerazel 
a dream

Զ զ
z
զատիկ
Zatik
easter

Է է
e
էշ
esh
donkey

Ը ը
y
ընձուղտ
yndzught
giraffe

Թ թ
t
թութակ
t'ut'ak
a parrot

Ժ ժ
zh
ժամացույց
zhamats'uyts
watch

Ի ի
i
ինքնաթիռ
Ink'nat'irr
plane

Լ լ
l
լոլիկ
lolik
tomato

Խ խ

kh

խոզ

khoz

pig

Ծ ծ

ts

ծիածան

tsiatsan

rainbow

Կ կ

k

կատու

katu

cat

Հ հ

h

հաց

hats'

bread

Ձ ձ

dz

ձմերուկ

dzmeruk

watermelon

Ղ ղ

kh

անիվ

aniv

wheel

Ճ ճ

ch

ճպուռ

chpurr

dragonfly

Մ մ

m

մուկ

muk

mouse

Յ յ

j

յոթ

yot'

seven

Ն ն

n

նավ

nav

ship

Շ շ

sh

շուն

shun

a dog

Ո ո

vo

ոզնի

vozni

Hedgehog

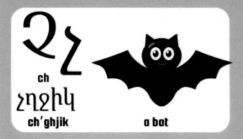

Չչ
ch
չղջիկ
ch'ghjik
a bat

Պպ
p
պինգվին
pingvin
penguin

Ջջ
j
ջութակ
jut'ak
violin

Ռռ
r
ռետին
rretin
rubber

Սս
s
սար
lerr
mountain

Վվ
v
վագր
vagr
tiger

Տտ
t
տուն
tun
House

Րր
r
րոպե
rope
minutes
Ցց
ts
ցուլ
ts'ul
bull

ՈՒու
u
ուղտ
yndzught
camel

Փփ
p
փիղ
p'igh
an elephant

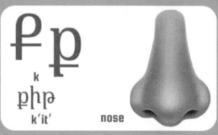

Քք
k
քիթ
k'it'
nose

և
yev
և
&
and

Օօ
o
օձ
odz
snake

Ֆֆ
f
ֆուտբոլ
futbol
soccer

Թվեր
(T'ver)   Numbers

1 մեկ (mek) one

2 երկու (yerku) Two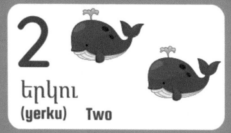

3 երեք (yerek') Three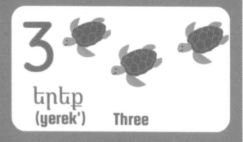

4 չորս (ch'vors) four

5 հինգ (hing) five

6 վեց (vets') six

7 յոթ (yot') seven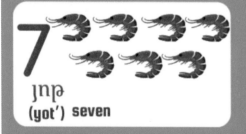

8 ութ (ut') eight

9 ինը (iny) nine

10 տաս (tas) Ten

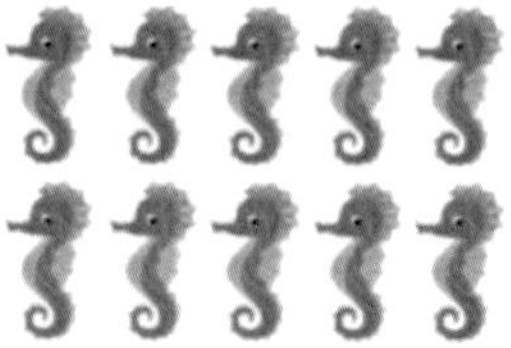

ձևեր
(dzever) Shapes

քառակուսի
(k'arrakusi)
Square

շրջան
(shrjan)
Circle

եռանկյուն
(yerrankyun)
Triangle

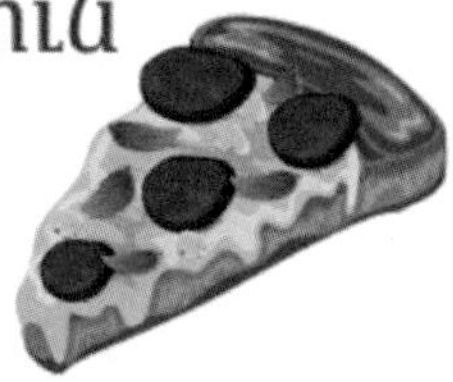

ուղղանկյուն
(ughghankyun)
Rectangle

կիսաշրջան
(kisashrjan)
Crescent

օվալ
(oval)
Oval

զուգահեռագիծ
(zugaherragits)
Parallelogram

հնգանկյուն
(hngankyun)
Pentagon

սրտաձև
(srtadzev)
Heart

աստղաձև
(astghadzev)
star

գույներ
(guyner) Colors

կարմիր
(karmir)
Red

դեղին
(deghin)
Yellow

կապույտ
(kapuyt)
Blue

սև
(sev)
Black

կանաչ
(kanach')
Green

վարդագույն
(vardaguyn)
Pink

նարնջագույն
(narnjaguyn)
Orange

սպիտակ
(spitak)
White

շագանակագույն
(shaganakaguyn)
Brown

մանուշակագույն
(manushakaguyn)
Purple

մարմնի մասեր (marmni maser) Body parts

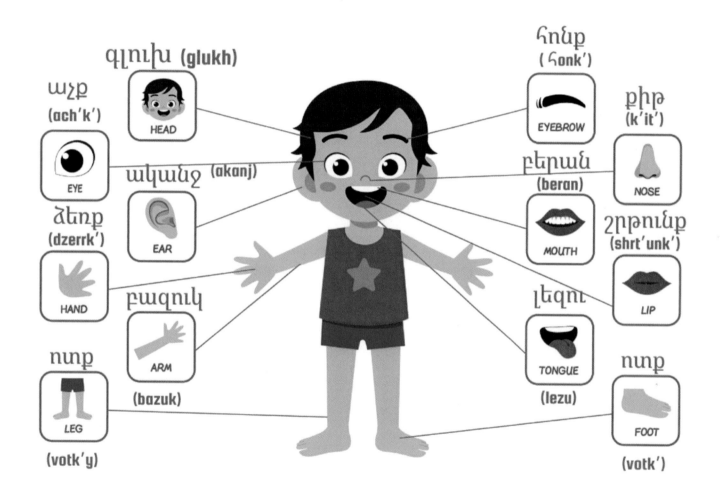

գլուխ (glukh)
HEAD
աչք (ach'k')
EYE
ականջ (akanj)
EAR
ձեռք (dzerrk')
HAND
բազուկ (bazuk)
ARM
ոտք (votk'y)
LEG
հոնք (հonk')
EYEBROW
քիթ (k'it')
NOSE
բերան (beran)
MOUTH
շրթունք (shrt'unk')
LIP
լեզու (lezu)
TONGUE
ոտք (votk')
FOOT

Մրգեր և բանջարեղեն
(Mrger yev banjareghen)
Fruits & Vegetables

արքայախնձոր
(ark'ayakhndzor)
Pineapple

կիվի (kivi)
Kiwi

խնձոր (khndzor)
Apple

ելակ
(yelak)
Strawberry

նարինջ (narinj)
Orange

խաղող
(khaghogh)
Grape

դեղձ
(deghdz)
Peach

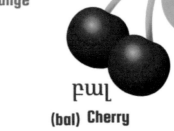

բալ
(bal) Cherry

ազնվամորի
(aznvamori)
Raspberry

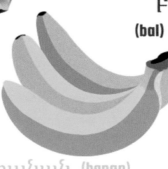

բանան (banan)
Banana

ձմերուկ
(dzmeruk)
Watermelon

մանգո (mango)
Mango

սալոր
(salor) Plum

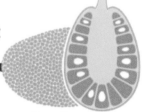

կիտրոն
(kitron) Lemon

ավոկադո
(avokado)
Avocado

ծիրան
(tsiran) Apricot

կոկոս
(kokos)
Cocounut

վիշապի միրգ
(vishapi mirg)
Dragon fruit

ջեքֆրուտ
(jek'frut) Jack fruits

տանձ
(tandz)
Pear

ամլա
(amla)
Amla

մոշ
(mosh)
Blackberry

թուզ (tuz)
Fig

սեխ
(sekh)
Melon cantaloupe

գազար (gazar)
Carrot

ծաղկակաղամբ
(tsaghkakaghamb)
Cauliflower

նեխուր
(nekhur)
Celery

բրոկկոլի
(brokkoli)
Broccoli

սպանախ
(spanakh)
Spinach

վարունգ
(varung)
Cucumber

լոլիկ
(lolik)
Tomato

կարտոֆիլ
(kartofil)
Potato

հազար (hazar)
Lettuce

կաղամբ
(kaghamb)
Cabbage

եգիպտացորեն
(yegiptats'voren)
Corn

ամբուկ
(smbuk)
Egg Plant

սոխ
(sokh) Onion

սունկ
(sunk)
Mushroom

 դդում
(ddum)
Pumpkin

բողկ
(boghk)
Radish

ծնեբեկ
(tsnebek)
Asparagus

բամիան **(bamian)**
Okra

դուրիան **(durian)**
Leek

բրյուսելյան կաղամբ
(bryuselyan kaghamb)
Brussel sprout

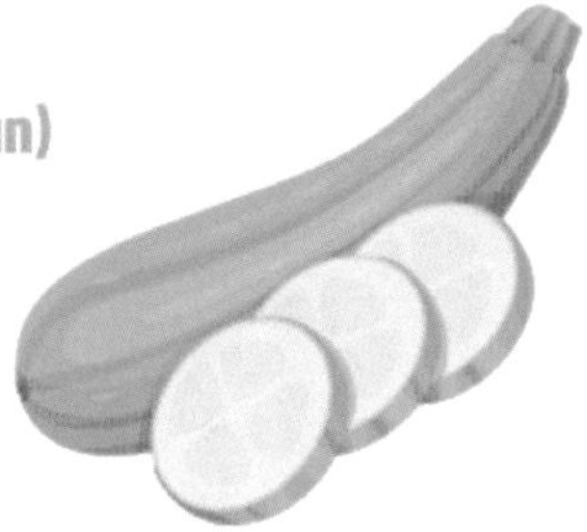

ցուկկինի
(ts'ukkini)
Zucchini

սխտոր
(skhtor)
Garlic

բիբար
(bibar)
Bell pepper

կոճապղպեղ
(kochapghpegh)
Ginger

չիլի պղպեղ
(ch'ili pghpegh)
chilli pepper

Կենդանիներ
(Kendaniner) Animals

ճուտիկ
(chutik)
chick

կով
(kov) cow

խոզ
(khoz)
Pig

ոչխար
(voch'khar)
sheep

այծ (ayts)
Goat

բադիկ (badik)
Duck

հավ
(hav)
Chicken

էշ
(esh)
Donkey

սագ (sag)
Goose

շուն
(shun) Dog

հնդկահավ (hndkahav)
Turkey

լամա
(lama)
Llama

ունգեղջյուր
(rrngeghjyur)
Rhino

փիղ
(p'igh)
Elephant

գետաձի (getadzi)
HIPPO

առյուծ
(arryuts)
Lion

զեբրա (zebra)
Zebra

կոալա (koala)
Koala

բևեռային արջ
(beverrayin arj)
Polar bear

վագր
(vagr)
Tiger

հովազ
(hovaz)
Leopard

ընձուղտ
(yndzught)
Giraffe

չիտա
(ch'ita)
Cheetah

սև արջ
(sev arj)
Black bear

կապիկ
(kapik)
Monkey

շիմպանզե
(shimpanze)
Chimpanzee

գորիլա
(gorila)
Gorilla

աղվես
(aghves)
Fox

պանդա (panda)
Panda

ձի
(dzi)
Horse

եղնիկ
(yeghnik)
Deer

մուկ
(muk)
Mouse

ուղտ
(ught)
Camel

գոմեշ
(gomesh)
Buffalo

բիզոն
(bizon)
Bison

կենգուրու
(kenguru)
Kangaroo

ոզնի
(vozni)
Hedgehog

թռչուններ (t'rrch'unner) Birds

կարդինալ
(kardinal)
Cardinal

բու
(bu)
owl

արծիվ (artsiv)
Eagle

փայտփորիկ
(p'aytp'vorik)
Woodpecker

կոլիբրի
(kolibri)
Humming bird

թութակ (t'ut'ak)
Parrot

տուկան
(tukan)
Toucan

բազե (baze)
Hawk

կապույտ ջեյ
(kapuyt jey)
Blue jay

աղավնի (aghavni)
Dove

սև կեռնեխ (sev kernekh)
Black bird

շիկահավ
(shikahav)
Robin

ծովային ճայ
(tsovayin chay)
seagull

ճնճղուկ
(chnchghuk)
Sparrow

պինգվին
(pingvin)
Penguin

կռունկ
(krrunk)
Crane

կարմրակատար
(karmrakatar)
Goldfinch

աղավնի (aghavni)
Pigeon

ծղնի
(tsghni)
Kingfisher

ագռավ
(agrrav)
crow

երգեցիկ թռչուն
(yergets'ik t'rrch'un)
Warbler

ֆլամինգո
(flamingo)
Flamingo

սիրամարգ
(siramarg)
Peacock

կարապ
(karap)
Swan

Միջատներ (mijatner) Insects

մրջյուն (mrjyun)
Ant

ծղրիդ
(tsghrid)
Cricket

բզեզ
(bzez)
Beetle

զատիկ
(zatik')
Ladybug

ճպուռ
(chpurr)
Dragon fly

ճիճու (chichu)
worm

մեղու
(meghu)
Bee

մորեխ (morekh)

Grasshopper

սարդ
(sard)
Spider

կարիճ
(karich)
scorpion

թիթեռ
(t'it'err)

Butterfly

խխունջ
(khkhunj) Snail

մոծակ (motsak)
Mosquito

ծովային կենդանիներ
(tsovayin kendaniner)
sea animals

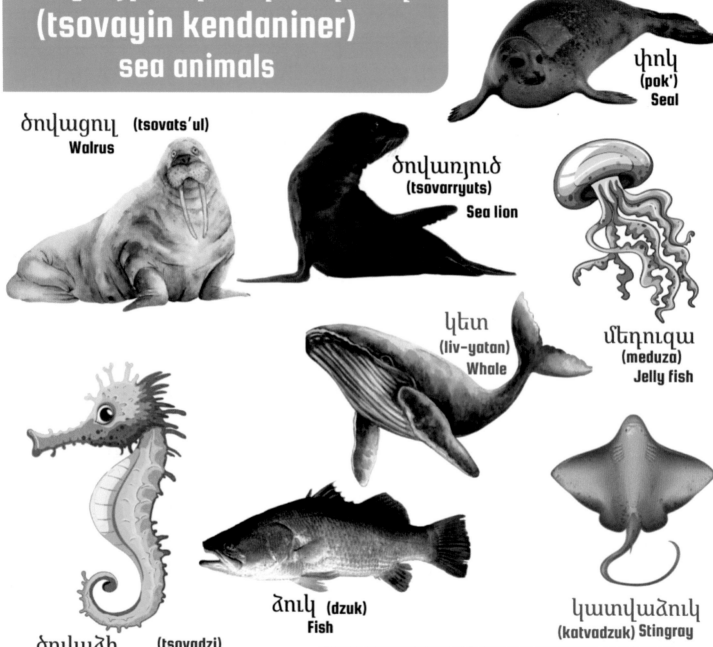

փոկ
(pok')
Seal

ծովացուլ (tsovats'ul)
Walrus

ծովառյուծ
(tsovarryuts)
Sea lion

մեդուզա
(meduza)
Jelly fish

կետ
(liv-yatan)
Whale

ծովաձի (tsovadzi)
Sea horse

ձուկ (dzuk)
Fish

կատվաձուկ
(katvadzuk) Stingray

շնաձուկ (shnadzuk)
Shark

դելֆին
(delfin)
Dolphin

խեցգետին
(khets'getin)
Crab

ութոտնուկ (ut'votnuk)
octopus

կաղամար
(kaghamar) squid

ծովաստղ
(tsovastgh)
Starfish

կրիա (kria)
Turtle

ծովախեցգետին
(tsovakhets'getin)
shrimp

Ծաղիկներ
(Tsaghikner) Flowers

նարդոս
(nardos)
lavender

արևածաղիկ
(arevatsaghik)
sunflower

հիրիկ
(hirik)
Iris

վարդ
(vard) Rose

քաջվարդ
(k'ajvard)
Peony

հասմիկ
(hasmik)
jasmine

շուշան
(shushan)
Lilly

յասաման
(yasaman)Lilac

գեորգենի
(georgeni)
Dahlia

խոլորձ
(kholordz)
Orchid

կակաչ
(kakach')
Tulip

երիցուկ
(yerits'uk)
Daisy

քրքմածաղիկ
(k'rk'matsaghik)
Crocus

Հորտենզիա (hortenzia)
Hydrangea

ձնծաղիկ
(dzntsaghik)
Snowdrop

շամռուկ
(shamrruk)
shamrock

մեխակ
(mekhak)
Carnation

լոտոս
(lotos)
Lotus

կակաչ
(kakach')
Poppy

Թավշածաղիկ
(tavsha'tsaghik)
Marigold

խատուտիկ
(khatutik)
Dandelion

կամելիա
(kamelia)
Camelia

ֆրեզիա (frezia)
Freesia

նունուֆար
(nunufar)
morning glory

հիբիսկուս
(hibiskus)
Hibiscus

կլեմատիս
(klematis)
Clematis

ցինիա
(ts'inia) zinnia

նարգիզ
(nargiz)
Daffodil

Հագուստ
(Hagust) Clothes

 սվիտեր
(sviter)
Sweater

ջինս (jins)
Jeans

կիսաշրջազգեստ
(kisashrjazgest)

Skirt

շորտեր
(shorter)

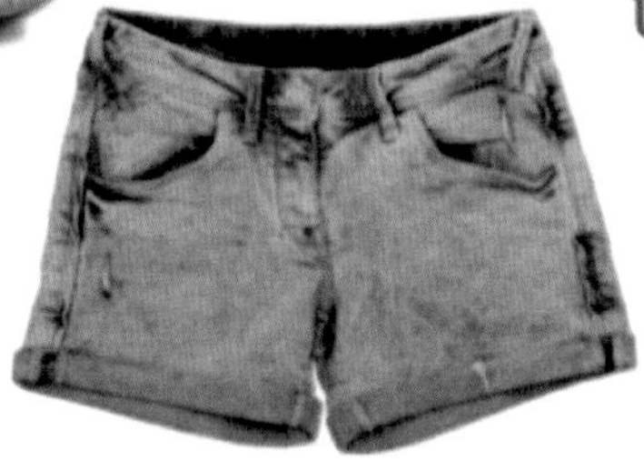

Shorts

գիշերազգեստ
(gisherazgest)

Pajamas

վերարկու
(verarku)
Coat

տաբատ
(tabat)
Pants

շապիկ
(shapik)
T shirt

վերնաշապիկ
(vernashapik)

Shirt

բաճկոն (bachkon)
Jacket

անձրևանոց
(andzrevanots')

Raincoat

գոգնոց (gognots')
Apron

ժիլետ (zhilet)
Vest

հուդի (hudi)
Hoodie

կոստյում (kostyum)
Suit

բլուզ (bluz)
Blouse

խալաթ (khalat')
Bathrobe

ներքնազգեստ (nerk'nazgest)
Underwear

փողկապ (p'voghkap)
Tie

կարդիգան (kardigan)
Cardigan

գոտի (goti)
Belt

գուլպաներ (gulpaner)
Socks

լողազգեստ (loghazgest)
Swim suit

գլխարկ (glkhark)
Hat

շարֆ (sharf)
scarf

կոշիկներ (koshikner)
Shoes

Առօրյա ռեժիմ
(Arrorya rrezhim) Daily Routine

օգտագործել պետքարանը
(ogtagortsel petqarany)
Use toilet

ուտել
(utel) Eat

երգել **(yergel)**
Sing

ատամի խոզանակ
(atami khozanak)
Brush teeth

աղոթել
(aghot'el)
Pray

քնելու ժամվա պատմություն
(k'nelu zhamva patmut'yun)
Bed time story

Հեծանիվ վարել
(Hetsaniv varel)
Ride bike

լոգանքի ժամ
(logank'i zham)
Bath time

խորհել
(khorhel)
Meditate

լվանալ դեմքը
(lvanal demk'y)
Wash face

սանրել մազերը
(sanrel mazery)
Brush hair

հագնել բաճկոն
(hagnel bachkon)
Put on jacket

հագնվել
(hagnvel)
Get dressed

հագնել կոշիկները
(hagnel koshiknery)
Put on shoes

լվանալ հատակը
(lvanal hataky)
Wash Floor

դեղորայք ընդունել
(deghorayk' yndunel)
Take Medicine

հանել աղբը
(hanel aghby)
Take out trash

ավլել հատակը
(avlel hataky)
Sweep floor

մահճակալ պատրաստել
(mahchakal patrastel)
make a bed

լվանալ սպասքը
(lvanal spask'y)
Wash dishes

փոշեկուլով մաքրել հատակը
(poshekulov makrel hataky) Vaccum floor

Կենցաղային իրեր
(Kents'aghayin irer) Household item

եղունգ կտրող սարք
(yeghung ktrogh sark')
Nail Clipper

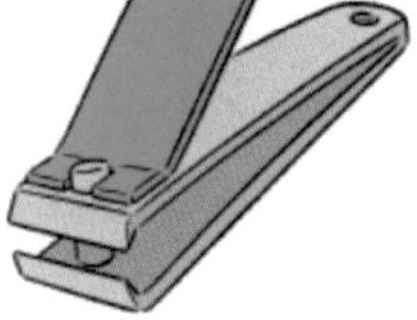

դեզոդորանտ
(dezodorant)
Deodorant

զուգարանի թուղթ
(zugarani t'ught')
Toilet paper

լոսյոն
(losyon)

Lotion

էլեկտրական վարդակ
(elektrakan vardak')
Electric socket

սափրվելու կրեմ
(sap'rvelu krem)
Shaving cream

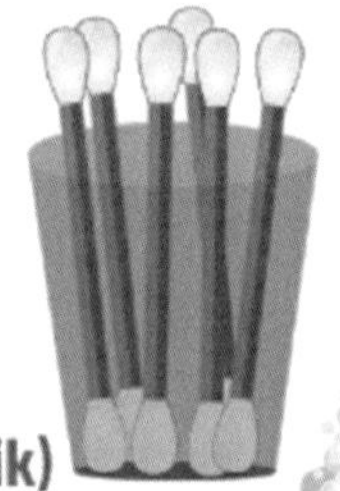

բամբակյա փայտիկ
(bambakya pajtik)
Q-Tip

արդուկ (arduk)
iron

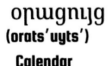

օրացույց
(orats'uyts')
Calendar

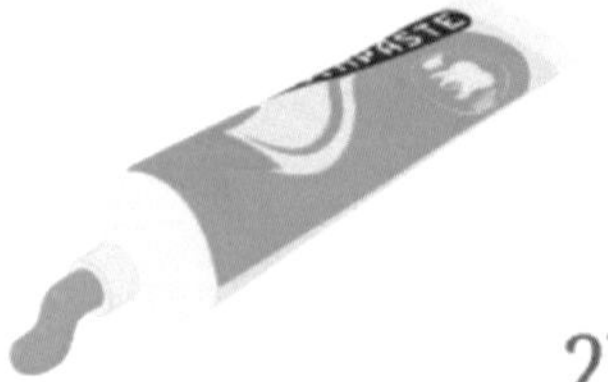

ատամի մածուկ
(atami matsuk)
Tooth paste

շամպուն
(shampun)
Shampoo

ատամի խոզանակ
(atami khozanak)
Toothbrush

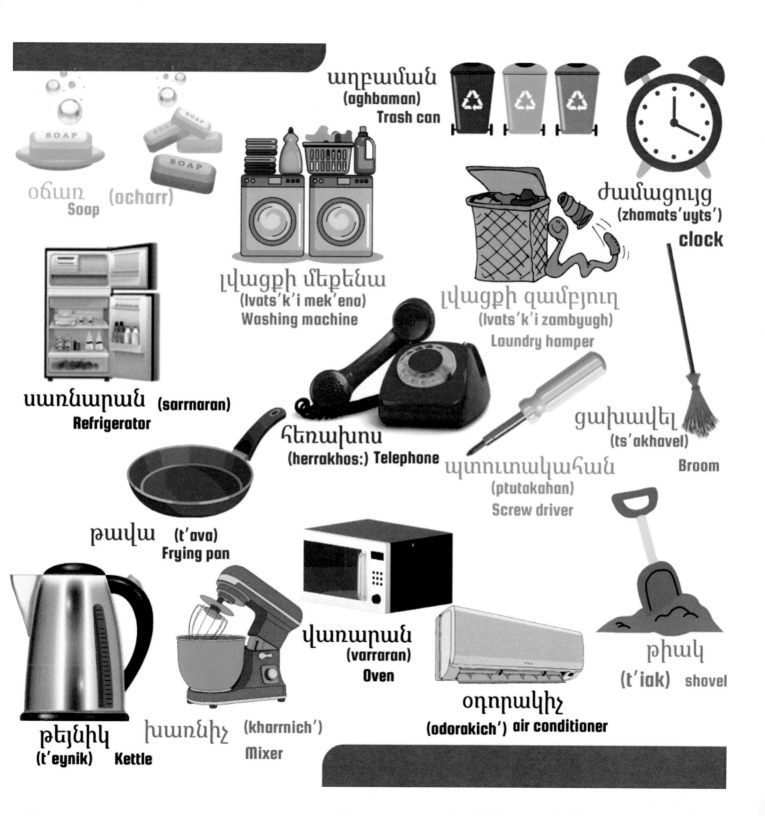

օճառ (ocharr)
Soap

աղբաման
(aghbaman)
Trash can

ժամացույց
(zhamats'uyts')
clock

լվացքի մեքենա
(lvats'k'i mek'ena)
Washing machine

լվացքի զամբյուղ
(lvats'k'i zambyugh)
Laundry hamper

սառնարան (sarrnaran)
Refrigerator

հեռախոս
(herrakhos:) Telephone

ցախավել
(ts'akhavel)
Broom

պտուտակահան
(ptutakahan)
Screw driver

թավա (t'ava)
Frying pan

վառարան
(varraran)
Oven

թիակ
(t'iak) shovel

օդորակիչ
(odorakich') air conditioner

թեյնիկ
(t'eynik) Kettle

խառնիչ (kharrnich')
Mixer

Տրանսպորտային միջոցներ **Vehicles**
(Transportayin mijots'ner)

առագաստանավ
(arragastanav)
Sail boat

գնացք (gnats'k')
Train

տաքսի (tak'si)
Taxi

ավտոմեքենա
(avtomek'ena)
Car

ինքնաթիռ
(ink'nat'irr)
Aeroplane

ավտոբուս (avtobus)
Bus

բեռնատար մեքենա
(berrnatar mek'ena)
Truck

նավ (nav)
Ship

օդապարիկ (odaparik)
Hot air ballon

ուղղաթիռ (ughghat'irr)
Helicopter

տուն անիվների վրա
(tun anivneri vra) Camper

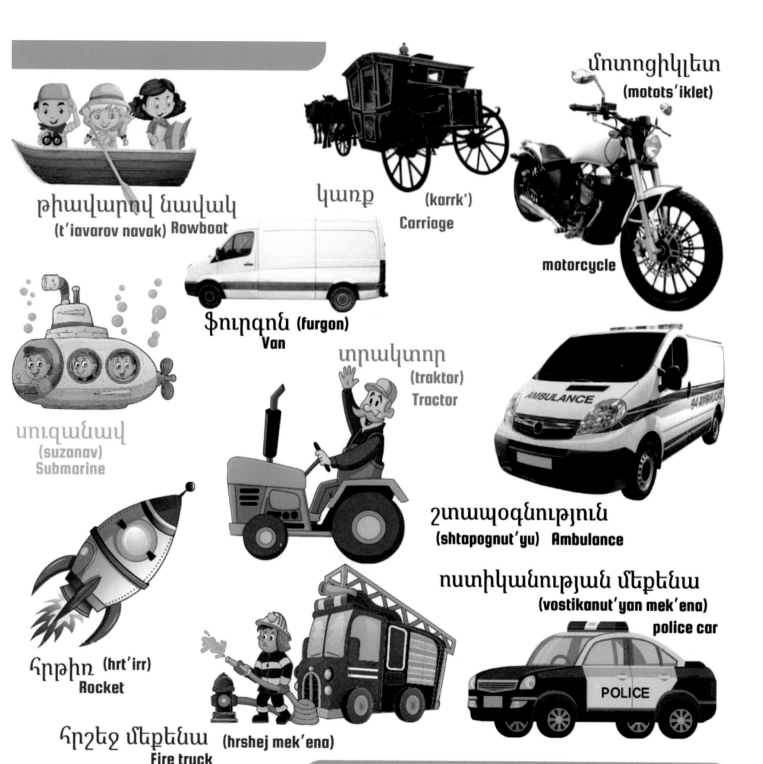

թիավարով նավակ
(t'iavarov navak) Rowboat

կառք (karrk')
Carriage

մոտոցիկլետ
(motots'iklet)

motorcycle

ֆուրգոն (furgon)
Van

սուզանավ
(suzanav)
Submarine

տրակտոր
(traktor)
Tractor

շտապօգնություն
(shtapognut'yu) Ambulance

հրթիռ (hrt'irr)
Rocket

ոստիկանության մեքենա
(vostikanut'yan mek'ena)
police car

հրշեջ մեքենա (hrshej mek'ena)
Fire truck

Եղանակ (yeghanak) weather

մասամբ ամպամած (masamb ampamats)
Partly cloudy

ամպամած (ampamats)
Cloudy

արևոտ (arevot)
Sunny

քամոտ (k'amot)
Windy

որոտ (vorot)
Thunder

ծիածան (tsiatsan)
Rainbow

ամպրոպ (amprop)
Thunderstorm

անձրևոտ (andzrevot)
Rainy

փոթորիկ (huri-kan)
Hurricane

Արեգակնային համակարգ
(aregaknayin hamakarg) Solar system

Արև
(arev)
Sun

Երկիր
(yerkir)
Earth

Սատուրն
(saturn)
Saturn

Լուսին
(lusin)
moon

Յուպիտեր
(yupiter)
Jupiter

Մարս
(mars)
Mars

Վեներա
(venera)
Venus

Նեպտուն
(neptun)
Neptune

Մերկուրի
(merkuri)
Mercury

Պլուտոն
(pluton)
Pluto

Վեներա
(uran)
Uranus

Աստղ
(astgh)
star

Երաժշտական գործիքներ
(Yerazhshtakan gortsik'ner)
Music instruments

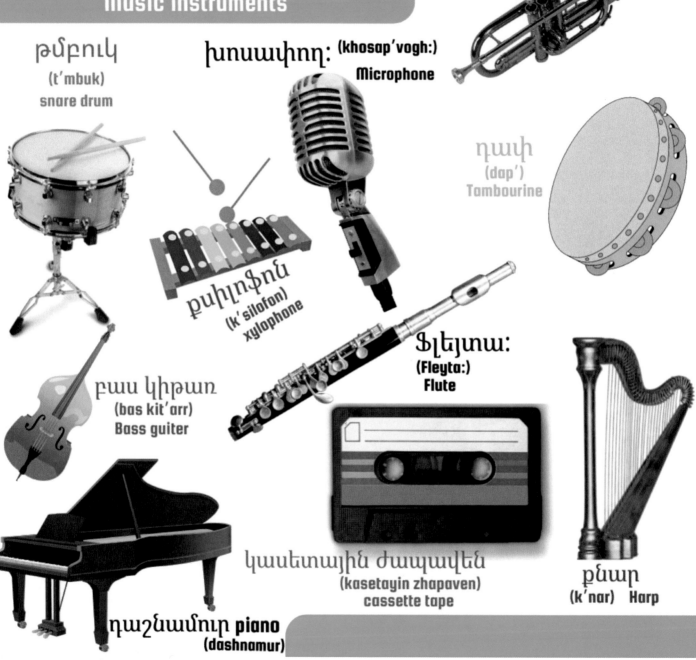

շեփոր
(shep'vor)
Trumpet

թմբուկ
(t'mbuk)
snare drum

խոսափող: (khosap'vogh:)
Microphone

դափ
(dap')
Tambourine

քսիլոֆոն
(k'silofon)
xylophone

Ֆլեյտա:
(Fleyta:)
Flute

բաս կիթառ
(bas kit'arr)
Bass guiter

կասետային ժապավեն
(kasetayin zhapaven)
cassette tape

քնար
(k'nar) **Harp**

դաշնամուր piano
(dashnamur)

Մասնագիտություններ
(Masnagitut'yunner)
Professions

օդաչու
(odach'u)
Pilot
վարսավիր
(varsavir)
Barber
մատուցող
(matuts'vogh)
Waiter
հավաքարար
(havak'arar) Cleaner
խուզարկու
(khuzarku)
Detective
դայակ
(dayak)
Baby sitter
զինվոր
(zinvor)
Soldier
ծաղրածու
(tsaghratsu)
Clown
ատաղձագործ
(ataghdzagorts)
Corpenter
ջրասուզակ
(jrasuzak)
Diver
խոհարար
(khoharar) Chef
ճարտարապետ
(chartarapet)
Architect

գիտնական
(gitnakan)
Scientist
խաղացող
(khaghats'vogh)
Player
թղթակից
(t'ght'akits')
Reporter
բորտուղեկցորդուհի
(bortughekts'vorduhi)
Hostess
մսագործ
(msagorts)
Butcher
ձկնորս
(dzknors)
Fisher
դիջեյ
(dijey) DJ
վերանորոգող
(veranorogogh)
Repairman
գործարար
(gortsarar)
Businessman
Նախկին
(Nakhkin) Farmer

Սպորտ (sport)

Sports

սեղանի թենիս (seghani t'enis)
Table tennis

բասկետբոլ (basketbol)
Basket ball

թենիս (t'enis) tennis

մահակախաղ (mahakakhagh)
Cricket

ֆուտբոլ (futbol)
Soccer

ֆուտբոլ (futbol) Football

ռեգբի (rregbi)
Rugby

գոլֆ (golf)
Golf

բոուլինգ (bouling)
Bowling

փիքլբոլ (piklbol)

Pickleball

հանդբոլ (handbol)
Handball

վոլեյբոլ (voleybol)
volleyball

ջրային պոլո (jrayin polo)

Water polo

լող
(logh)
Swimming

քայլարշավ
(k'aylarshav)
Hiking

սառցե հոկեյ
(sartse hokey)
Ice hockey

հողմասահք
(hoghmasahk')
Wind surfing

լեռնագնացություն
(lerrnagnats'ut'yun)
Rock climbing

սնոուբորդինգ
(snoubording)
Snow boarding

վազք
(vazk')
Running

գլորաշմուշկ
(glorach'mushk)
Roller skating

ձկնորսություն
(dzknorsut'yun) Fishing

կայակինգ
(kayaking)
Kayak

ցատկ
(tsatkel)
Skipping

հոկեյ
(hokey) Hockey

Հեծանվավարություն
(hetsanvavarut'yun)   Biking

բադմիտոն
(badmiton)
Badmiton

Made in the USA
Las Vegas, NV
27 February 2024

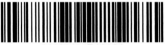